Aus der Welt gefallen

Esther Hiersemann

Aus der Welt gefallen

Bibliografische Information der Deutschen Nationalbibliothek:
Die Deutsche Nationalbibliothek verzeichnet diese Publikation in der Deutschen Nationalbibliografie; detaillierte bibliografische Daten sind im Internet über http://dnb.d-nb.de abrufbar.

Autor: Esther Hiersemann
Umschlaggestaltung, Illustration: Esther Hiersemann, Oliver Henke (Titelfoto, Foto Seite 3)
Korrektorat, Satz: Tamara Pirschalawa

1. Auflage 2012
Verlag: tredition GmbH, Hamburg
Printed in Germany
ISBN: 978-3-8472-2645-1

Dieses Buch ist all jenen gewidmet,
deren Stimmen nie gehört wurden.

Inhaltsverzeichnis

Vorwort 9

Du
Aus der Welt gefallen 11
Gemeinsam 12
Schattenmensch 13
Anklage 14
Du – Teil I 15
Du – Teil II 16
Engelsstaub 17
Und dazwischen irgendwo du 18
Unumwunden 19
Perlenzauber 20
Abschied 21
Wortlos 22
Wenn du gehst 23

Freundschaft und Liebe
Das Geheimnis der Liebe 25
Freundschaft 26
Über dich 27
Scherbentanz 28
Verwirrspiel 29

Gedanken
Zoogedanken 31
Granitsplitter 32
Allerleirau 33
Zeitengewitter 34
Erwachsen werden 35
Die, die sich keine Gedanken machen 36
Endstation Sehnsucht 37

Sternenkind 39
Das, was tötet 40
Der Sittich – Teil I 41
Der Sittich – Teil II 42
Der Sittich – Teil III 43
Modellversuch 44
Biografie 45

Krieg und Frieden
Kein Skinhead 47
Krieg 48
Frieden 49
Krieg und Frieden 50
Bedauerliche Todesfälle 51
Entzauberung 52
Bewaffnet euch! 53

Wahnhaft
Discount-Wahn 55
Schönheits-Wahn 57
YouTube-Wahn 58

Musik in mir
Kurt 61
Musik 62
Eines Tages 63
Take away 64
Let there be Punk 65
Kevin 66
Erkenntnis 67

Träume
Dorthin 69
Zeitenwende 70
Sternenfänger 71

Schnee von gestern... 72
Tagtraum 73
Zyklop 74
Träume 75
In meiner Barbiewelt.. 76
Regenbogen 77
Entträumen.. 78
Mein Traum von Freiheit 79

Zwischen Himmel und Erde

Feenzauber 81
Drachenfänger.. 82
Gott und Teufel.. 83
Lilith 84
Zwischenzeit 85
Sündenfall.. 86
Zwischenwelt... 87
Für mich.. 88
Mein Plan.. 89
Glück – Teil I 90
Glück – Teil II... 91

Die Nacht ist mein Freund

Todesengel... 93
Die Nacht ist mein Freund 95

Statt eines Nachworts

Schriftsteller.. 97

Vorwort

Mit diesem Buch habe ich meinen Traum verwirklicht, doch ist es mit Sicherheit kein einfaches Buch. Dennoch ist es wert, gelesen zu werden.
Wahrscheinlich ist es einfach aus der Welt gefallen.

Du

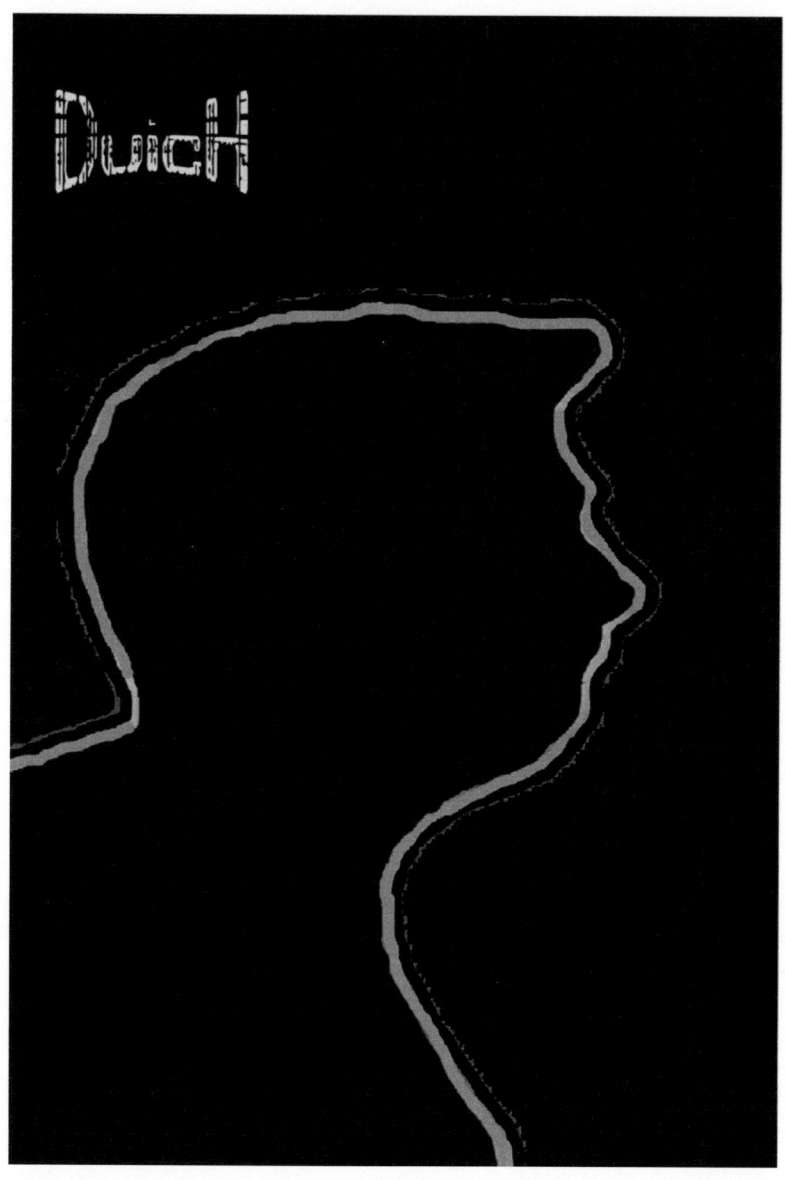

Aus der Welt gefallen

Die
Enzyklopädie
Der Träume
Verbirgt ihr
Wissen gut.
Sterntaler fangen
Und
Pfeilfrösche,
Die geküsst
Werden wollen.
Stille liegt
Über dem
Schweigen,
Und doch
Kann ich dir sagen:
Lass deinen Prinzen ungezähmt,
Eben
Aus der Welt
Gefallen.

Gemeinsam

Wenn

Der Wind mir

Dein Lachen

Bringt,

Wenn

Die Sonne

Im Meer

Versinkt,

Wenn Menschen

Von Träumen

Sprechen,

Wenn

Am Horizont

Fluten brechen,

Dann

Atme ich

Dieses Lachen

Ein,

In der

Gewissheit,

Dein Lachen ist mein!

Schattenmensch

Auf der

Suche

Nach der

Schwärzesten

Nacht

Sehe ich

Dich

Heimlich

Erleuchten.

Und manchmal,

Wenn Schwarz

Seine Farbe

Verliert,

Stelle

Ich dich

Rücken an

Rücken

Mit der

Hässlichkeit

Dieser Welt.

Anklage

Unwissender,
Der du bist,
Lässt mich nicht
Unwissend sein
Um dich!

Du – Teil I

Ein Funken nur von dir,

Doch kein Streichholz,

Um das Feuer zu entfachen,

Und ehe ich

Eines herbeischaffen kann,

Ist der Funke schon verglommen.

Nur noch Glut in meinem Herzen

Und verzweifelt versuche ich,

Die erkaltende Asche in dir

Zum Erleuchten zu bringen.

Du – Teil II

Du bist
Mein Sinn,
Meine Hoffnung,
Mein Leben,
Doch genau das
Nimmt mir
Die Luft
Zum Atmen
Und lässt
Meine Seele
Erkalten.

Engelsstaub

Engelsstaub
In deinen Augen,
Ein Funken von Leben,
Der bald erloschen
Sein wird.

Ich weiß es,
Denn ich habe es
Schon allzu oft gesehen.

Und dazwischen irgendwo du

Und dazwischen
Irgendwo du,
So dachte ich,
Aber als ich dich
Aufheben wollte,
Sah ich nur
Tausend Scherben
Meines Gesichts.

Vielleicht
Finde ich noch
Ein altes Foto
Und dann
Schmink ich dir
Ein Lachen
In dein Gesicht.

Unumwunden

Unumwunden
Gebe ich es zu

Unumwunden
Sage ich es dir

Mit einem Wort

Unumwunden

Perlenzauber

Ja, ich habe es gesehen:

Mit einer Handbewegung fortgewischt,

Vielleicht wenn du …

Perlenzauber –

Es hätte

Unser Geheimnis sein können.

Abschied

„Und zum Abschied
Schenke ich dir
Eine Sternenblume!"

„Aber Sternenblumen
Gibt es doch
Gar nicht",
Sagte sie leise.

„Das ist ja das Traurige daran!"

Wortlos

Mit dir
Kann ich wirklich
Über alles reden,
Nur für dich,
Da habe ich
Einfach
Keine Worte!

Wenn du gehst

Wenn du gehst,
Werde ich zerbrechen,
Mehr als tausend Scherben
Werde ich sein.

Aber Scherben
Bringen doch Glück,
Oder?

Freundschaft und Liebe

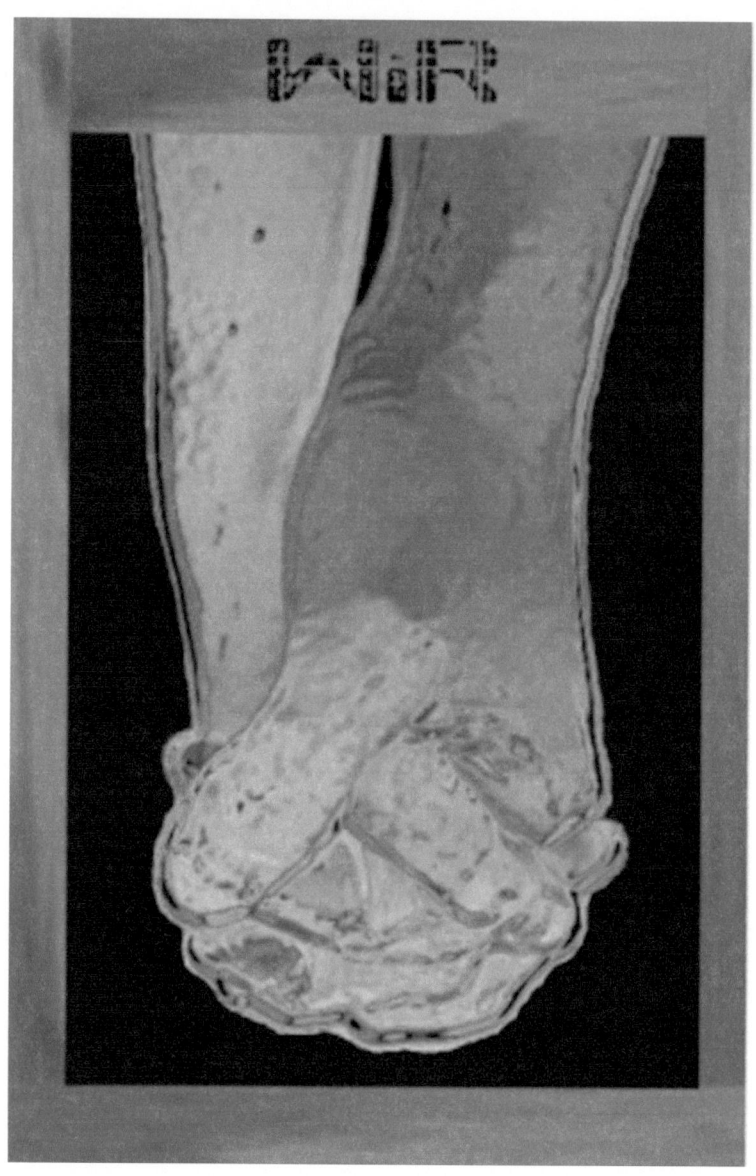

Das Geheimnis der Liebe

Gemeinsam weinen,
Gemeinsam lachen,
Miteinander im Reinen,
Dann wieder verkrachen.

Mithilfe von Träumen Berge versetzen
Und den Verstand durch Liebe ersetzen,
Unmögliches tun, Wolken verschieben,
Das tun nur die, die wahrhaftig lieben.

Und wenn die anderen sagen: „Ihr seid ja verrückt!",
Dann ist euch das mit der Liebe geglückt!

Freundschaft

Freunde lügen einen manchmal an,
Die wahren nur mit schlechtem Gewissen,
Nerven Freunde, geht man nicht ans Telefon ran,
Den wahren sagt man, sie soll'n sich verpissen!

Mit Freunden trinkt man zusammen ein paar Bier,
Den wahren wischt man die Kotze aus dem Gesicht,
Freunde verabschieden sich spätestens hier,
Die wahren aber gehen noch nicht!

Mit Freunden kann man zusammen lachen,
Die wahren aber weinen mit dir.
Während Freunde Wichtiges machen,
sagen die wahren: „Hey, ich bleib noch hier!"

Über dich

Über die Liebe
Gäbe es vieles zu sagen,
Aber
Nicht genug Worte.

Über den Schmerz
Gäbe es vieles zu sagen,
Aber
Nicht genug Worte.

Über dich
Gäbe es vieles zu sagen,
Aber
Nicht genug Liebe,
Nicht genug Schmerz.

Scherbentanz

Zuerst:
Deine Augen
Bodenlos.
Zu dir gesetzt.
Kakteenfrühstück
Gegen alle Vorhersagen.

Später:
Deine Augen
Farblos.
Dich im Arm.
Feuer schlucken
Gegen die Einsamkeit.

Am Ende:
Deine Augen
Traumlos.
Du nicht neben mir.
Scherbentanz
Gegen die Zweisamkeit.

Verwirrspiel

Früher
Hatten wir
Keine Zeit
Für die
Unwichtigen Dinge.

Später
Hatten wir
Keine Zeit
Für die
Wichtigen Dinge.

Heute
Haben wir
Keine Zeit,
Den Unterschied
Zu suchen.

Und so haben wir
Endlich wieder
Zeit
Für uns!

Gedanken

Zoogedanken

Mäuse auf
Menschenjagd,
Löwenbändiger
Tigertränentrocknend,
Schneehasen
Verlieren sich
In der Nacht
Und
Das laute Flüstern
Der leisen Riesen
Stiehlt den Affen
Die Zeit.

Endlich wieder:
Hören, sehen, sagen!

Granitsplitter

Granitsplitter
In Gedanken
Geweht.

Sandperlen
Vergessen
Die Zeit.

Auch heute noch
Ein gehaltenes
Wort?

Allerleirau

Ist das das
Fenster
Zum Himmel?

Sag es mir jetzt!

… Denn auch
Deine Träume
Tun weh!

Zeitengewitter

Windfelder
Verwirren die Mütter
All jener Kinder,
Deren Ursprung die Vorwelt ist.

Und so heben sie
Die Rechte zum Gruß,
Ein Mahnmal der Zeitengewitter.

Erinner dich meiner Worte:
Schau in den Himmel
Und schließe die Augen
Nicht!

Erwachsen werden

„Das werden wir schon hinkriegen,
Dich großzukriegen!",
Sagten sie,
Und fast hätten sie es geschafft …
Mich kleinzukriegen.

Die, die sich keine Gedanken machen

Die, die sich keine Gedanken machen,
Verachte ich nicht,
Ganz im Gegenteil.

Die, die sich keine Gedanken machen,
Beneide ich manchmal,
Weil …

Die, die sich keine Gedanken machen,
Können oft unbeschwerter lachen,
Und doch möchte ich nicht mit ihnen tauschen,
Sondern im Zorn des Lebens mitrauschen!

Endstation Sehnsucht

Dein Gesicht zerbrochen,
Deine Augen liegen brach.
Nichts mehr von dem,
Was man dir einst versprach.
Lächelnde Maske,
Erstarrt, ohne Leben,
Und keiner kann
Dir mehr Sehnsüchte geben,
Denn dein Traumschiff
Ist in den Wogen gesunken,
Und mit ihm
Sind deine Träume
Ertrunken.

Lange glaubtest du
Deine Angst gut verpackt,
Doch auf einmal
Warst du beschämend nackt.

Da seid ihr nun,
Deine Angst und du

Und sehet euch
Beim Fallen zu.
Der Schrei bist du,
Die Angst dein Gesicht,
Was werden wird,
Ihr wisst es nicht!

Sternenkind

Sonnenräder,
Die sich drehen

Und

Wolkenträume,
Die mir eine neue Liebe
Geben.

Manchmal denke ich noch
An jene Zeiten

Und sehne
Mich
Nach der Farbe
Eines neuen
Himmels!

Das, was tötet

Das, was tötet,
In meiner ganzen
Hilflosigkeit,
Dass der Zorn
Erwacht,
Vielleicht
Ist das
Leben.

Der Sittich – Teil I

Die Nacht kommt in Gestalt des Tages daher,
Und so wird Tag um Tag zur Nacht gemacht,
Der Teddybär hat keine Tränen mehr,
Die Zimmertür wird stets zugemacht.

„Wie kannst du dir nehmen,
Was dir nicht gehört?",
Scheint sie stumm zu fragen,
Hängen geblieben in Opfer-Systemen,
Aber ich habe ihre Stimme gehört!
„Hast du denn gar nichts dazu zu sagen?"

Der Sittich – Teil II

Der Atem
Des Lebens
Gibt
Ihrem Herzen
Kraft.

Der Atem
Des Lebens
Gibt
Ihrem Herzen
Schmerz.

Der Atem
Des Lebens
Gibt
Ihrem Herzen
Nichts.

Der Sittich – Teil III

Du hast ihr ein

Seil geschenkt,

Damals,

Und sie sprang damit:

Eins, zwei, drei,

Eins, zwei, drei.

Jahrelang

Lag es

Vergessen im Schrank,

Doch heute

Hat sie es

Hervorgeholt

Und sich damit

Erhängt.

Modellversuch

Rosenstaub,
Entwurf der
Menschlichkeit.

Festhalten
Und doch
Kein Versprechen.

Der Applaus
Ist für dich:

Meine Narben-Unfreiheit!

Biografie

Wer hat die Buchstaben
Aus meinem Buch gestohlen?

Leise und heimlich?

Ich weiß es,
Doch ich hatte vergessen,
Dass der Regen
Salzig schmeckt.

Krieg und Frieden

Kein Skinhead

Schwere Tritte ins Gesicht,
Nein, ein Skinhead bist du nicht.
Du bist einfach nur ein Proll,
Schlägst drauflos, wirklich toll!
Schwere Kindheit, keine Chance,
Leben verpfuscht, aus der Balance.
Darüber reden willst du nicht,
Darauf bist du nicht erpicht.

Doch jetzt hört das Verständnis auf,
Denn du haust schon wieder drauf.
Erst wenn dein Opfer am Boden liegt,
Wird vielleicht dein Hass besiegt,
Doch das auch nur für kurze Zeit,
Dann stehst du schon wieder bereit.

Du gehst nicht mal in den Knast,
Mein Wunsch für dich:
Kein Frieden, keine Rast!

Krieg

Mit hochgerüsteten Waffen,
Auf, auf, Kamerad,
Oh, ihr kaltblütigen Affen,
Dies war keine Heldentat,
Tote schaffen, dann begaffen,
Das ist wohl des Bösen Saat!

Stattdessen:

Ohne Waffen
Frieden schaffen,
Das ist wahre Heldentat!

Frieden

Weißen Tauben
Freiheit rauben,
Nicht fliegen lassen,

Das könnt euch so passen.

Weiße Tauben
Rauben,
Fliegen lassen,

Das könnt mir so passen!

Krieg und Frieden

In Kriegszeiten
Von Hoffnung träumen,
In Friedenszeiten
Den Dank nicht versäumen.

In Kriegszeiten
Nackt im Regen tanzen
Und den Keim des Guten pflanzen.
In Friedenszeiten
Etwas dafür tun,
Denn, habt acht,
Der Krieg wird nicht ewig ruh`n!

In Kriegszeiten,
Zwischen Bombergewittern,
Um den Sieg des Guten zittern,
In Friedenszeiten
Nicht verbittern,
Sondern ruhig weiterzittern.

Bedauerliche Todesfälle

Wo der Krieg
Kein Gesicht hat.

Ist es Ironie?

Auch die Opfer …
Aber lassen wir das!

Medienkompatibilität
Steht hoch im Kurs …
Und wer könnte
Es ihnen verdenken?

Also doch,
Sprechen wir sie frei!
Ist es Ironie?

Betrunkene und Kinder …
Aber lassen wir das!

Entzauberung

Unter tausend weinenden Gesichtern
Suche ich mir ein lachendes.

Unter tausend Bomben dieser Erde
Suche ich die, deren Zündung versagt.

Unter tausend Folterknechten eines Krieges
Suche ich den mit dem milden Herz.

Unter tausend Sterbenden
Suche ich den, der überlebt.

Und entzauber so
Den Schrecken dieser Welt.

Bewaffnet euch!

Wenn Autos brennen,
Ich frage dich:
Ist das deine Anarchie?

Dann wegrennen,
Nein, ohne mich,
Denn so ändern sich die Dinge nie!

Bewaffnet euch
Lieber mit Verstand
Und lasst diese Gewalt,

Nicht dieses hirnlose Rumgeseuch,
Nehmt euren Scharfsinn in die Hand
Und ändert was dergestalt,

Dass Waffen überflüssig werden,
Schult euren Geist in Mündigkeit,
So können Schwerter zu Flugscharen werden,
Aber tut es jetzt, es bleibt kaum noch Zeit!

Wahnhaft

Discount-Wahn

Kühe,
In Stromwasser getaucht,
Nicht alle sterben gleich.
Mehr getötet als gebraucht,
Die Fabrikanten werden reich.

Hühner,
Erwachsen geworden auf DIN-A4.
„Bitte schön, ist es Ihnen so recht?"
Oh, du entrechtetes Tier!
„Nein danke, mir ist schon schlecht!"

Schweine,
Die nie das Tageslicht sehen.
„Schmeckt euch euer Kotelett?"
Sollte man so mit Tieren umgehen?
„Aber die Verkäuferin war doch so nett ..."

Einen Tag nur, das reicht,

Müsstest du in der eigenen Scheiße steh´n,

Dann würdest du vielleicht

Die Welt der Tiere mit anderen Augen seh´n!

Schönheits-Wahn

Gezähmter Zorn
Botoxgebügelt,
Die Augen
Leer und glatt.

Dein Lachen,
Seltsam gezügelt,
Die Nase
Absurd platt.

Dir geht es beschissen,
Man kann es nicht sehen,
Das wolltest du sicherlich.

Doch ich werd dein Lachen vermissen
Und frag deinen Schatten im Gehen:
„Wo versteckst du dich?"

YouTube-Wahn

Meine Passion
Hab ich entdeckt,
Als ich fröhlich
Eis geschleckt.

Ich bestellte ein Eis
In einer Tüte
Und führte mir diese
Genüsslich zu Gemüte.

Aber ich schleckte nicht
Ganz normal daran rum,
Sondern drehte
Die Eistüte um.

Versuchte die rutschenden Kugeln
Mit der Zunge zu fangen
Und musste zunächst
Um den Erfolg dieses Vorhabens bangen.

Schließlich ward es mir
Aber geglückt
Und ich blickte wohl
Ganz verzückt,

Bis ich sah, wie die
Menge geschaut,
Ich schätze, die meisten waren
Nicht erbaut

Von meiner Art,
Das Eis zu verzehren,
Doch ich ließ mich
Eines Besseren belehren,

Denn auf YouTube habe ich
Neulich entdeckt,
Dass jetzt die halbe Welt
Ihr Eis so schleckt.

Musik in mir

Kurt

Unvergessen!

Eine Stimme, die wehtut,
Weil sie die nackte Wahrheit ist,
Dazu verzerrte Gitarren.

Ehrlichkeit, geprägt von Mut,
Fast hätt ich gesagt: „Bleib so, wie du bist!"
Oh, ihr unwissenden Narren!

Daher denke ich an Orte,
wo Liebe und Hass sich paaren,
Und daran, wie laut an leise zerbricht.

Und so schaue ich alte Videos an,
Welch ein schmerzhaftes Gebaren,
Und entdecke Musik in deinem Gesicht.

So bleibst du
Unvergessen!

Musik

Wenn Musik die Welt
Bedeutet,
Habe ich heute
Meine Stimme verlor`n,
Doch
In der Erinnerung
Singen mir
Die Saiten
Ihr Lied.

Eines Tages

Eines Tages werd ich den Sound der Straße hören,

Eines Tages, ich kann´s dir schwören,

Feier ich den Straßenrock

Auf meinem abgerockten Bock.

Eines Tages werde ich fahren, um zu leben,

Meine Maschine wird mir alles geben.

Der Geruch von Benzin wird mein ständiger Begleiter sein,

Und klar, ich werde der King der Straße sein!

Doch bis dahin lebe ich steriles Bürgertum,

Aber ich kann ja weiterhin so tun …

Eines Tages …

Take away

If you take away
All the pain
And broken dreams,
Life could be easier
It seems.

But you should remember
If you don´t feel
The jive in your knees,
You lost the sound of life
It seems!

Let there be Punk

If you know
How to rock the town
Although life
Has always kicked you down,
If you feel the beat of life inside
Although life
Wasn`t always shining bright,

Just take a ride
To your heart inside

And let there be
Punk!

Kevin

Wörter,
Die grölend
Die Stille zerreißen,

Und

Eine Melodie,
Die nur
Unser eigen ist.

Tanzen
Ohne Musik,

Dazu Luftgitarre.

So in etwa.

Zu unseren alten Liedern …

Erkenntnis

Lieber höre ich
Musik,
Die voll Gefühl,
Rau und kantig
Ist,

Als Musik,
Die ohne Gefühl
Plastikbunt geschliffen
Ist.

Aber das ist eben nur
So ein Gefühl ...

Träume

Dorthin

Dorthin,
Wo die Sehnsüchte sind,
Die fiebrigen Augen
Kolibrigleich,
Einatmen
Die Katatonie des
Augenblicks

Un(d)endlich leben!

Zeitenwende

Auf Sonnenfang

Mit

Schmetterlingsnetz,

Der Blaue Planet

Feuer spuckend.

Doch erst

Wenn die See

Ihre Wogen beerdigt,

Bin ich im Auge

Des Sturms

Angekommen.

Sternenfänger

Sternenfänger,
Lauf geschwind,
Sternenfänger,
Liebes Kind,
Sternenfänger,
Es ist so, es sind
Mir Sternenfänger
Lieber als
Spatzenfänger!

Schnee von gestern

Unschuldiges Weiß,
Mein liebster Nachtmahr,
Auf mein Geheiß,
Träume, die ich gebar:

Illusionen
Aus tanzendem Glück,
Visionen
Für den Augenblick.

Im eigenen Ermessen
Mit Flügeln aus Glas,
Hinein ins Vergessen,
Das ich vergaß.

Jenseits der Welten
Gefrorene Glut,
Ich werd mich erkälten
Am kochenden Blut.

Tagtraum

Sonnenschein

Flirrende Sommerluft,

Ein Vogel singt so rein,

Als wenn er die Nacht herbeiruft.

Ich lasse mich darauf ein.

Dämmerung

Und noch liegt die Hitze über dem Tal,

Gefangen zwischen den Bergen.

Der Mond kommt hervor, leuchtet so fahl,

Die Nacht kann sich nicht mehr verbergen.

Glühwürmchen

Erhellen die Nacht,

Lange Schatten werfen Sagengestalten.

Am Ende bin ich aufgewacht,

Dabei wollte ich diesen Traum doch behalten!

Zyklop

Selbst der Zyklop
Kann mit blindem Auge Träume sehen,
Und noch viel mehr.

Die Menschen, voll des Hohns,
Erkennen nicht
Kreuzritter des Mutes und der Tapferkeit.

Drum lasst uns schnell die Augen schließen,
Dann kann die Welt in Träume fließen,
Die Wirklichkeit zerbricht indes,
Und zurück bleibt
Das Auge des

Zyklopen.

Träume

Wenn meine Träume wahr werden,

Vergesse ich nie,

Gleich am nächsten Tag

Ein Paket aufzugeben,

Denn dann

Bekomme ich

Über Nacht

Neue Träume

Zugeschickt.

In meiner Barbiewelt

In meiner Barbiewelt
Zieh ich der Barbie Strapse an,

Färb ihr die Haare lila
Und such ihr einen anderen Mann.

In meiner Barbiewelt
Ist Ken natürlich schwul,

Hat drei Kinder adoptiert,
Ja, das fände ich wirklich cool!

In meiner Barbiewelt
Ist jedes Kind ein Anarchist,

Und Mattel bestätigt mir,
Dass es so ist!

Regenbogen

Ich weiß es schon lange:

Deine Träume sind braun,
Nicht rosa.

Komm,
Wir klauen uns
Die Farben
Aus dem
Regenbogen
Und streichen
Deine Träume
Neu!

Entträumen

Zuckerfäden
Packen die Welt
In Watte ein.

Sie auszupacken
Würde mir nicht
Im Traum einfallen.

Enthaupten
Die Wirklichkeit
Und
Kitzeln
Die Sehnsucht
Hervor.

Warum also
Entträumen?

Mein Traum von Freiheit

Seiltänzer sein,

Hoch über

Den Menschen,

Den Frühling im Kopf

Und vergessen,

Dass das

Netz da unten

Längst eingerollt

Ist!

Zwischen Himmel und Erde

Feenzauber

Ins Geäst der Weiden
Gebannt,
Hände ringen
Unerkannt,
Doch die Hoffnung
Stirbt bekanntlich
Zuletzt,
Nur ist sie
Inzwischen
Etwas abgewetzt.

C'est la vie
Und ein
Letzter Blick,
Ab hier gibt es
Sowieso
Kein Zurück!

Nur ein Gedanke begleitet mich:
Schwarz-weiß gibt es nicht!

Drachenfänger

Wurfsternschwingend,
Ein donnernder Ritt,
Erwachsender Mut,
Seid gegrüßt, mein Dämon!

Die Zeit eilt davon,
Deren Sklave ich bin,
Doch fliehe ich
Durch den Zeitenstrom,
Kehr mich ab
Zum allerletzten Gruß,
Erhobenen Hauptes,
Lebt wohl, mein Dämon.

Und alles,
Was uns je verband,
Bleibt am Ende der Zeiten
Unerkannt.

Gewachsen aus Furcht,
Genährt von Angst,
Doch nun gibt es nichts mehr,
Vor dem du bangst!

Gott und Teufel

Monolog: Gott

Gehe nicht ins Fegefeuer,

Hinein in die immerwährende Schlacht,

Verjage mit mir die Ungeheuer,

Und wein deine Tränen heut Nacht!

Monolog: Teufel

Leb dein Leben mit all seinen Sünden,

Denn auch der Himmel ist nur Trug.

Das Böse wird nie von der Welt verschwinden.

Nimm dir alles im Wissen: Es ist niemals genug!

Monolog: Ich

Ich brauch keinen Teufel und auch keinen Gott,

Meinen Weg geh ich allein,

Aufrechten Ganges, direkt zum Schafott,

Denn so bin ich, und so soll es sein!

Lilith

Während der Himmel
Feuer spuckt,

Luzifer gen
Hölle guckt,

Die Gezeiten
Aufeinanderprallen

Und wir uns
Ans Leben krallen,

Vergessen wir Lilith,
Unheilig Blut,

Freigeist der Macht,
Aufrecht und gut,

Sehe ich sie:
Gottes Antagonist

Und bin froh,
Dass es so ist.

Zwischenzeit

Schachtelhalmwälder verändern die Zeit,
Aufbruch in alte Gefilde,
Wilde Statuen aus feinem Sand.

Wächter der Vergangenheit,
Oh, welch seltsame Gebilde
Kommen staksenden Schrittes gerannt.

Jetzt sehe ich auch,
Wie Wasser zur Quelle fließt,
Und Vögel, die rückwärts fliegen.

Und ich spüre einen starken Hauch,
Während das Lebens andersherum schießt,
Und träum, die Zeit zu besiegen!

Sündenfall

„Mir sind
Die Hände
Gebunden!"

„Nicht -
Entschuldige
Bitte,
Aber brauchen
Antworten
Nicht Fragen?"

Erinnerungslücken,
Die vergessen
Machen,
Aber denk daran:
Nicht hängen
Lassen!

Zwischenwelt

Seltsamkeiten
Gestalten,
Eitelkeiten
Verwalten.

Dem Mond
Zugewandt,
Nicht
Menschenverwandt.

Ein Segment
Ohne Schnittmenge,
Zu wenig Raum
In dieser Weltenge!

Lebenstanz
Egal,
Ein Segment,
Aber nicht der

Mehrzahl!

Für mich

Meine bunte
Welt
Schwarz-weiß,

Dornenschloss
In
Ruinenstadt,

Alles Eckige
Jenseits
Vom Kreis,

So setze ich
Diese Welt
Schachmatt.

Und wer sagt,
Dass Schwarz
Keine Farbe ist,

Dessen Stern
Leuchtet
In Wahrheit trist.

Mein Plan

Hure der Freude,
Zigarette im Munde,
So vergeude
Keine Tränenwunde,

Denn ein Lachen verbindet Welten,
Wo es vorher keine Brücken gab.
Ich glaub, ich nehm mein Lachen
Mit in mein Grab,

Werde dort
Gott und Teufel versöhnen
Und gemeinsam mit ihnen
Die Humorlosen
Verhöhnen!

GLÜCK

Das Leben
In den
Händen halten
Oder eben
Das Glück
Verwalten.

Das ist
Wie zwischen
Himmel und Erde
Sein.

Und nun geh
Und mach
Das Schicksal
Zu dein`m!

Glück – Teil II

Mit Erdbeermündern
Die Sonne küssen,

Aus vollem Herzen
Die Feinde grüßen,

Trotz Sorgen
Zufrieden sein.

Komm schon,
Ich lad dich ein

Und erklär
Dir die Mär

Vom ewigen
Unglück!

Die Nacht ist mein Freund

Darkness And Fear

Is What I Long To See
Don't Waste A Tear
And Just Be
The Prince Of The Night
Welcome,
It's Simply One Bite!

Todesengel

Der Schimmer deiner blassen Haut
Zeigt mir den Zauber der Nacht.
Du hast mich meiner Sinne beraubt
Und mich willenlos gemacht.

Ich gab mich dir hin im Tanz der Schatten
Und träumte den Traum der Endlosigkeit,
Vollkommen versunken in das, was wir taten,
Außerhalb von Raum und Zeit.

Unsere Gesichter, ekstatisch entrückt,
So flogen wir zum Regenbogen,
Von der Dauer unseres Spieles entzückt,
Als wir abermals die Zeit betrogen.

Ich wollte jetzt in den Schatten des Lichts,
Für immer an deiner Seite sein,
Fallen ins nunmehr unendliche Nichts,
Erlöst von des sterblichen Lebens Pein.

Dein Blutkuss machte mein Sehnen wahr,
Ich sah meinen Schrei in deinem Gesicht,
Bis mich die Unsterblichkeit gebar
Und ich spüren konnte ihr ganzes Gewicht.

Hetzende Jagd nach des Menschen Blut,
Drückende Schuld und kein Horizont,
Verschwunden die einst so feurige Glut,
Die einmal hatte unsere Lust betont.

Verloren gegangen einstige Träume,
Irgendwo hängen sie fest in der Welt,
Für neue gibt es keine Räume,
Nichts ist mehr da, was wirklich zählt.

Verschrieben dem Fürst der Finsternis,
Nur noch Verderben überall,
Verflucht der einstige Blutesbiss,
Alles eine endlose Qual.

Die Sonne sehen, zu Staub zerfallen,
Erlösung vom Stillstand der Zeit,
Vielleicht auch einem Gott gefallen,
Wenn er mich aus meiner Hölle befreit!

Die Nacht ist mein Freund

Wolkenschiffe, die am Himmel thronen,
Ein Mond, der sich vor die Sonne schiebt,
Willkommen, oh Macht der Finsternis!

Jetzt nur noch dem Dunklen fronen,
Und das tue ich, wie´s mir beliebt,
Denn ich bin der Fürst mit dem untoten Biss!

Böses mit absolut Bösem vergelten,
In Opferblut versunken.
Hier kommt der König, gebt Acht!

Wer sollte mich schon dafür schelten?
Denn ist erst die Sonne gesunken,
Bin ich der König der Nacht!

Statt eines Nachworts

Liebe höret nimmer auf

Biografie

Schriftsteller

Wusstet ihr
Um die
Besonderheit
Von Schriftstellern?

Sie vermögen
Jeden Tag
Die Schriftzeichen
Neu zu setzen.

Gut, dass ich
Einer von ihnen
Bin!

Danksagung

Dank gebührt all jenen,
die immer an mich geglaubt haben,
denen, die mich berührt und begleitet haben,
denen, die wissen, dass ich sie meine.

Danke.